A Radiant Christmas

Table of Contents

Staten House

ISBN: 979-8-89778-700-5

JINGLIN' ALL THE WAY TO YOU

Words and Music by RON PATTON

Let the church bells ___ chime ___ let the car-ol-ers sing___

the on-ly gift I ___ need ___ is the jcy you ___ bring.__

11

MERRY KISSMAS MY LOVE

♩ = 120

Words and Music by RON PATTON

Snow - flakes fall __ like a sweet bal - let __

can - dy canes and mis - tle - toe light the way __

to hear — the best part of

Christ - mas — I know it's true is shar - ing my

love with you. —

THERE'S MAGIC IN YOUR MISTLETOE EYES

♩ = 115

Words and Music by RON PATTON

BITTERSWEET NOEL

♩ = 115

Words and Music by RON PATTON

38

Stock - ings by the fire ___ hung with ___ care ___ but in each space an emp - ti - ness I ___ wear. ___ Ooh, ___ ooh, ___ ooh. ___

40

CHRISTMAS EVE IN YOUR ARMS

♩ = 98

Words and Music by RON PATTON

44

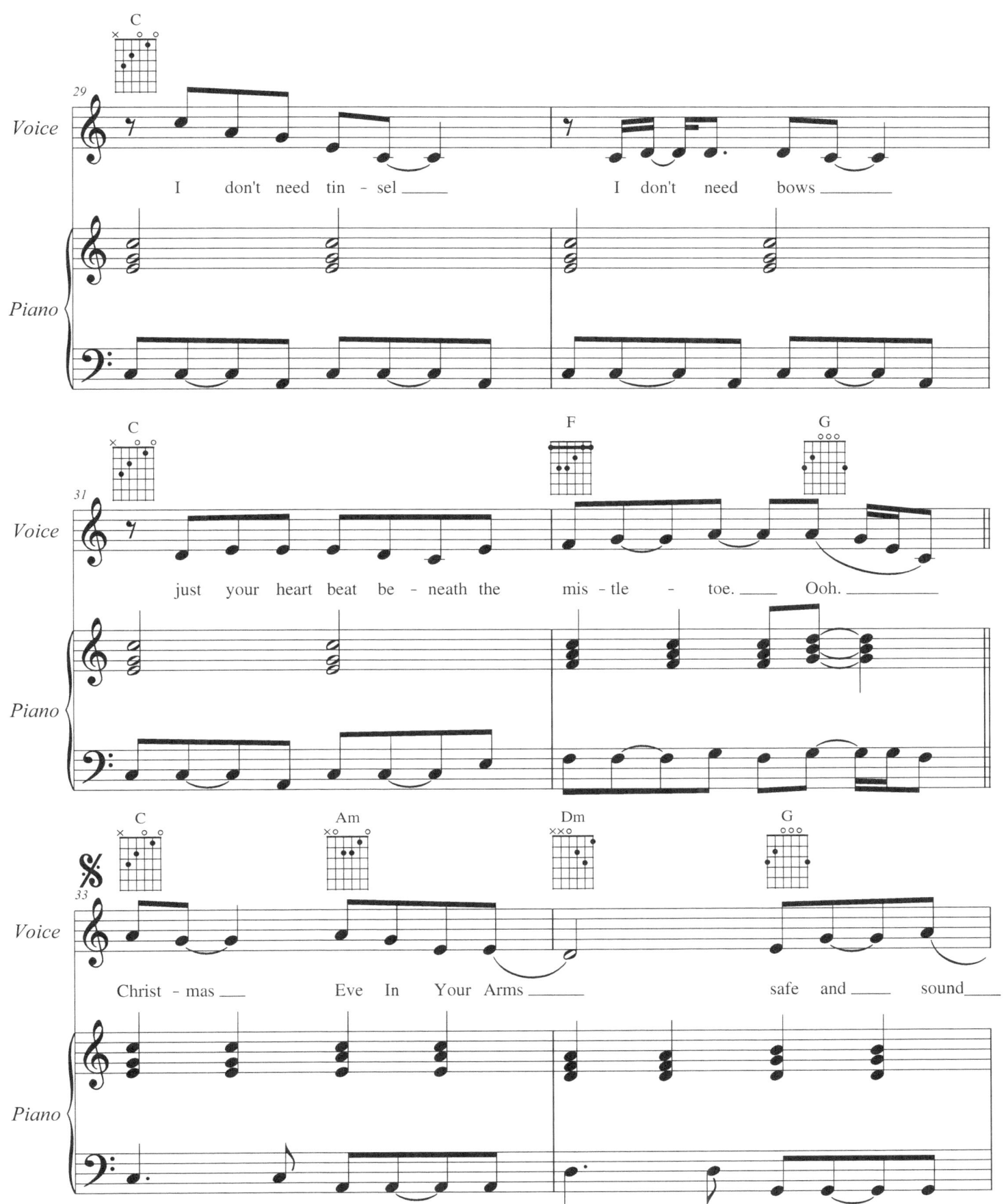

Let the world spin, let the church bells ___ chime

all I need ___ is your hand in mine. ___ ooh, ___

Mmm ___ Christ - mas Eve ___

JINGLE BELLS AND MISTLETOE SPELLS

♩ = 128

Words and Music by RON PATTON

REPEAT AND FADE OUT:

SNOWFLAKES AND SWEET EMBRACES

♩ = 122

Words and Music by RON PATTON

61

SANTA SEND MY BABY BACK

♩ = 120

Words and Music by RON PATTON

Frost is fall - ing,
Last De - cem - ber,

lights are glow - ing bright
we were hand in hand

73

REPEAT & FADE OUT:

STOCKING FULL OF LOVE

Words and Music by RON PATTON

It's that time of year a - gain

but the on-ly one I'm wish-in' _____ for _____ is right here. _____ I don't

WHEN THE SNOW FALLS, SO DO I

♩ = 120

Words and Music by RON PATTON

89

95

deep in your warm brown eyes _____ like a

love song on the win - ter _____ breeze you've got me

melt - ing with _____ such _____ sweet _ ease. _____

www.ingramcontent.com/pod-product-compliance
Lightning Source LLC
Chambersburg PA
CBHW081721120626
46550CB00010B/3198